Unpaired

by

Eliza Segiet

inner child press, ltd.

Credits

Author

Eliza Segiet

Translated by

Artur Komoter

Foreword

Professor Ignacy S. Fiut

Cover Photograph

Piotr Karczewski

Cover Design

William S. Peters Sr.

inner child press, ltd.

~ * ~

Editing Department Disclaimer: This volume has not been fully edited by our editorial staff. All editing was performed by the author in collaboration with Inner Child Press.

hülya n. yılmaz, Ph.D.

Director of Editing Services
Inner Child Press International

General Information

Unpaired

Eliza Segiet

1st Edition: 2019

Publisher Information

1st Edition: Inner Child Press
intouch@innerchildpress.com
www.innerchildpress.com

ISBN-13: 978-1-970020-99-1 (inner child press, ltd.)

$ 16.95

Dedykacja ~ Dedication

Rodzicom

To my Parents

Table of Contents

The Poetry

Table of Contents . . . *continued*

Table of Contents . . . *continued*

Table of Contents . . . *continued*

Table of Contents . . . *continued*

Table of Contents . . . *continued*

Epilogue

Przedmowa
O "Nieparzystych" Eliza Segiet

W 2018r. **Eliza Segiet** zaskoczyła czytelników kompletną książką poetycką poruszającą kwestie związane z wojną, szczególnie zaś z doświadczeniem Holocaustu, które wcześniej jedynie sygnalizowała. Jak widać te tematy nadal w niej drzemią, domagając się lirycznego ujścia. Z tego powodu powstał kolejny tom wierszy podtrzymujący myśli i emocje poprzedniego.

Wszędzie, gdzie będziemy / przeszłość zostanie z nami – taką refleksją Segiet otwiera *Nieparzystych*. To znana już w twórczości autorki *Magnetycznych* teza. Poetka jest przekonana bowiem, że to co nas ukształtowało ma swoje źródło w historii. Jednak w tej książce nie tyle chodzi o dotarcie do korzeni, co raczej o oddanie głosu tym, którzy z oczywistych powodów go stracili. *Nieparzyści* to swoista liryczna biografia człowieka – *Innego*, poetycka kronika dokumentująca walkę o każdy kolejny dzień życia.

Nieparzyści to przede wszystkim poezja pytań. Nie wystarczą niezliczone ilości przeczytanych dokumentów, reportaży, literatury, by zrozumieć, dlaczego człowiek potrafi być bestią. Nie wystarczyło też napisanie kilkudziesięciu utworów (wierszem i prozą), by dać upust emocjom, poradzić sobie z żalem czy znaleźć choćby cień wyjaśnienia. U Segiet stale powraca to dławiące pytanie – w tym tomie także kilkukrotnie autorka je zada: "dlaczego?" (po co?", w imię jakiej wiary?") i nadal nie znajdzie odpowiedzi. Zresztą dręczących poetkę – filozofkę kwestii jest dużo więcej.

Odnoszę wrażenie, że w tej książce Segiet nieco głośniej mówi o brutalności wojny, jeszcze dobitniej podkreśla tragiczne losy Żydów. Śmielej staje także w roli oskarżyciela bestialskich zbrodniarzy. Chociaż w centrum jej zainteresowania nadal leży przede wszystkim ten, który był ofiarą. Dodajmy: niewinną (poetka z niedowierzaniem pyta: *czy można karać ludzi za niewinność?*). I być może to porusza jeszcze bardziej. Zresztą sam podmiot (neutralny) wielokrotnie pyta, czym naród żydowski zawinił, że stali się celem *śmiercionośnych*. Ośmiela się nawet zwracać do Stwórcy, chociaż wie, że to daremne.

Już w *Magnetycznych* Segiet zaskoczyła słowotwórczo – przede wszystkim w nazywaniu katów i ofiar. W *Nieparzystych* dokłada celnych określeń, mocno trafiających do wyobraźni czytelnika. Nie szczędzi gorzkiej ironii, by jeszcze wyraźniej podkreślić tragizm prześladowanych. Pojawiają się m.in. *Naznaczeni* – to *Gwiezdna część ludzkości*. Na przeciwległym biegunie znajdują się *stworzyciele śmierci*, *puści*, *zabójczy ludzie*, *śmiercionośni*.

Ciekawa jest kwestia osób mówiących w tym tomie. Po pierwsze jest tu podmiot neutralny, z dystansem spoglądający na poetycki świat bohaterów wierszy. On relacjonuje to co widzi, rzadko komentuje, czasem zadaje pytania retoryczne (m. in.: czy *to się dzieje naprawdę?*). To głos dopowiadający, jego zadaniem jest zadbać o tło, rekwizyty czy ukazanie pewnych spraw z różnych perspektyw (do których wiodący podmiot nie ma dostępu).

Drugim podmiotem (oraz głównym bohaterem) jest *Naznaczony* i to on snuje, w imieniu własnym oraz współbraci – jako "my" liryczne, opowieść właściwą. Wspomina wszechobecny strach (*bałem się bólu* / *– nie tylko mojego*), głód (*czekam nawet na ogryzek jabłka*) i życie w *odwróconej rzeczywistości*. Tragizm położenia mężczyzny zdaje się wyłącznie pogłębiać. Kłębi się w nim mnóstwo wątpliwości, wiara przeplata się z przygnębieniem, chęć przetrwania z poczuciem bezsensu. Stawia pytania, ale doskonale wie, że *nikt już nie odpowie*.

Przejmujące są wiersze, w których podmiot wyznaje, że mimo świadomości wszechogarniającej śmierci, w nich tliła się *nadzieja*. I to nie tylko marzyli o przetrwaniu, o powrocie normalności, o spotkaniu z rodziną – oni wierzyli, że *w niektórych* / *pozostała* / *– odrobina człowieczeństwa* [podkr. K.M.]. Dlatego nie poddają się tocząc *batalię / o mgnienie normalności* [podkr. K.M.]. W tych szczegółach (określeniach, dopowiedzeniach) kryją się dojmujące emocje.

Nie bez przyczyny poetka nazwała tom *Nieparzyści* – jednym z kluczowych zagadnień jest tu silne pragnienie bycia z drugą osobą. Ale *jak powiedzieć kocham* w tych *beznamiętnych* czasach? – zastanawia się "ja" liryczne. I dopowiada: *komu powiedzieć – / kocham?* Wojna to brutalny czas, który wyłącznie dzieli. Członkowie rodzin giną, znikają bez śladu. Często, by zapewnić względne bezpieczeństwo żonie i dzieciom, mężczyźni musieli się ukrywać. Podmiot zbioru przetrwał właśnie dzięki temu, że wraz z córkami chował się w *norze, pod ziemią, ze szczurami.*

Ludzie żyją w pewnym, wyznaczonym przez los, porządku – to *pięciolinia życia.* Autorka definiuje ją jako postępujące po sobie kolejne stadia rozwoju człowieka. Wojna jednak burzy tę kolejność, zbrodniarze ingerują w naturę, stawiają *pauzę przyszłości.*

Podmiotowi udało się jednak przetrwać, ale traumę wojenną nosi w sobie do dziś. W rozmowach z wnuczkami nie potrafi pozwolić sobie na spontaniczny zachwyt życiem, na wtórowanie dzieciom w ich radości światem. Zamiast czytać bajki, opowiada im o swoich lękach, wyrzutach sumienia. Zwierza się, że czuje się *niekompletny*, nosi w sobie cierpienie i żal.

Niesamowity jest dramatyzm tej poezji. Segiet zadbała o każdy szczegół budujący nastrój wiersza, pogłębiając już przecież i tak, niekiedy do bólu, tragiczny wydźwięk wierszy. Zwróćmy uwagę choćby na to, co w tle – np. *mury płakały krwią, z uśmiechem strzelali, droga do wolności / będzie poprzedzona kąpielą.* Ale objawia się on również w rozmaitych środkach stylistycznych, w ironiach (Żydzi – *królowie życia i śmierci*), epitetach (*ludzko – nieludzka twarz, półżywi ludzie* – [podkr. K.M.]), pytaniach retorycznych (*którędy mamy pójść, żeby / przegapić śmierć?*) czy antynomiach (*zaplanowane unicestwienie / przychodzi znienacka*). Najpełniej jednak widoczny jest w prostych wyznaniach podmiotu: *nie umierał człowiek, / lecz wiara w niego.*

Pojawiają się subtelne nawiązania m.in. biblijne, jak w wierszu „Do syta", gdzie pozbawiony nadziei, ale nie woli życia, mężczyzna z ironią mówi o pragnieniu zjedzenia *ogryzka jabłka*, bo może to spowoduje, że za karę zostanie wyrzucony *z tego raju śmierci.* W "Przenikaniu" poetka porównuje zmartwychwstanie Jezusa do swoistego powrotu do świata żywych przez podmiot i jemu podobnych – Żydów, z wyrokiem śmierci za swoje pochodzenie, którzy przez długi czas żyli w ukryciu.

Eliza Segiet z charakterystycznym dla siebie filozoficznym zacięciem bada ludzi, świat oraz zjawiska im towarzyszące. W *Nieparzystych* usiłuje zdefiniować m.in. normalność, przyzwoitość, człowieczeństwo. To oczywiście karkołomne zajęcie, ale poetka jest specjalistką w patrzeniu, dostrzeganiu i przekuwaniu swoich wniosków w zaskakujące konkluzje, trafne metafory, przejmujące porównania.

Kilkukrotnie w toku lirycznej opowieści mamy do czynienia z sytuacją, w której podmiot buntuje się, zadaje niewygodne pytania, oskarża. Jednak, gdy jego córka docieka do kogo on właściwie mówi, ten zawsze odpowiada: *do siebie.* Co już samo w sobie jest smutne, tym bardziej, gdy dodaje: *bo nikt nie chce usłyszeć, / co przeżywamy.* Wtedy nikt nie chciał słuchać i dziś zmierzamy w podobnym kierunku – odwracamy głowy, zajmujemy się mało istotnymi, z perspektywy świata, sprawami. A może właśnie ktoś na drugim końcu świata, gdzieś schowany w ciasnej *norze,* drży o swoje życie, bo przecież *w każdym miejscu / można obudzić się z przerażeniem.*

Słowa płynące z tej poezji układają się w wyraźny apel: zobacz, co ludzie potrafili robić ludziom i nie dopuść, żeby to kiedykolwiek powróciło. To bardzo ważne przesłanie, szczególnie w kontekście nieustannie toczonych wojen, mniejszych lub większych konfliktów, rozprzestrzeniającej się jak zaraza nienawiści czy choćby postępującego egoizmu.

Kinga Młynarska

Rodzimy się bez skazy,
to świat nas zmienia

– Nie pozwólmy na to!

Preface

About "Unpaired" by Eliza Segiet

In 2018, **Eliza Segiet** surprised the readers with a complete poetry book dealing with issues related to war, especially with the experience of the Holocaust, which she previously only signaled in her works. As one can see, these topics are still indwelled in her, demanding a lyrical outlet. For this reason, another poetry volume was created, supporting the thoughts and emotions of the previous one.

Everywhere we will be / the past will be with us – with this reflection Segiet opens the **"Unpaired"**. This thesis is a known one in the works of the author of the "Magnetic People". The poet is convinced that what has shaped us, has its source in history. However, in this book, it's not just about getting to the roots, but rather about giving voice to those who for obvious reasons have lost it. "Unpaired" is a kind of lyrical biography of an individual – the *Other*, a poetic chronicle documenting the fight for each subsequent day of life.

Unpaired is primarily a poetry of questions. Countless documents, reports, literature are not enough to understand why the human can be a beast. It was also not enough to write dozens of works (by poem and prose) to vent one's emotions, cope with grief, or find even a shadow of explanation. Segiet constantly returns to this stifling question – in this volume the author also asks it several times: "why?" ("what for?", "in the name of what faith?") and will still not find an answer. Besides, there are many more issues that torment the poet-philosopher.

I get the impression that in this book Segiet speaks louder about the brutality of war, and even more emphatically underlines the tragic fate of the Jews. She also becomes the prosecutor of the unholy criminals more boldly. Although in her center of interest still lies primarily the one who was a victim. Let us add: an innocent one (the poet asks in disbelief: *can people be punished for innocence?*). And maybe this affects even more. In any case, the subject itself (neutral one) repeatedly asks what the Jewish people are to blame for that they became the target of the *death-dealers*. She dares even to address the Creator, although she knows it is futile.

Already in "Magnetic People" Segiet surprised formatively – above all in calling out the executioners and the victims. In the "Unpaired", she makes accurate definitions that very much connect the imagination of the reader. She does not spare the bitter irony to further emphasize the tragedy of the persecuted. Appear, among others, the *Marked* – the *Stellar part of humanity*. On the opposite end are the *creators of death, empty people, deadly people, death-dealers*.

The matter of the speakers in this volume is interesting. First of all, there is the neutral subject with a distant view of the poetic world of the poems' heroes. It reports what it sees, rarely comments, sometimes asks rhetorical questions (including: *is this really happening?*). It is a filling voice; its task is to take care of the background, props or showing certain matters from different perspectives (to which the leading subject has no access).

The second subject (and the main protagonist) is the *Marked*, who spins on behalf of themselves and their brothers – lyrically as "we" – the proper story. They mention the ubiquitous fear (*I was afraid of pain / – not just mine*), the hunger (*I await even for an apple core*) and the life in *an upturned reality*. The tragedy of the man's position seems to only deepen. He is full of doubts, faith intertwines with depression, the desire to survive with a sense of futility. He asks questions, but he knows perfectly well that *nobody will answer anymore.*

The poignant poems are those in which the subject confesses that despite the awareness of the overwhelming death, *hope* smoldered in them. And they not only dreamed about survival, about the return of normality, about meeting with family – they believed that *in some / remained / – a bit of humanity* [emph. by K.M.]. Therefore, they do not give in to a *battle / for a moment of normality* [emph. by K.M.]. In these details (definitions, additions) hide poignant emotions.

It is not without reason that the poet named the volume "Unpaired" – one of the key issues is the strong desire to be with another person. But *how to say I love* in these *dispassionate* times? – wonders "I" lyrically. And they add: *to whom to say – / I love?* War is a brutal time that only divides. Family members die, disappear without a trace. Often, to ensure relative safety for the wife and children, men had to hide. The subject of the gathering survived thanks to the fact that he and his daughters were hiding in a *hole, underground, with the rats*.

People live in a certain order, set by fate – the *staff of life*. The author defines it as successive stages of human development. The war, however, destroys this order, criminals interfere with nature, they *set a pause on the future*.

The subject has managed to survive, but carries the war trauma with him to this day. In conversations with the granddaughters, he cannot afford the spontaneous delight of life, to accompany his children in their joys with the world. Instead of reading fairy tales, the subject tells them about his fears and remorse. He confides that he feels *incomplete*, carries with him suffering and sorrow.

The dramatic nature of this poetry is amazing. Segiet took care of every detail that built the mood of the poem, deepening the already, sometimes to a fault, tragic overtones of the poems. Let us pay attention to what is in the background – e.g. *the walls cried with blood, they shot with a smile, the road to freedom / would be preceded by bathing.* But it also manifests itself in a variety of stylistic means, in ironies (Jews – *the kings of life and death*), epithets (*human – inhuman face, half-alive people* – [emph. by K.M.]), rhetorical questions (*which way should we go / to miss death?*) or antinomies (*planned annihilation / comes unawares*). However, it is most clearly visible in the simple confessions of the subject: *a man did not die, / but the faith in him.*

There are subtle references, among others biblical, like in the poem "Copiously", where a man bereft of hope, but not the will to live, ironically talks about the desire to eat an *apple core*, because maybe that will cause him to be expelled *out of this paradise of death* as a punishment. In "Piercing", the poet compares the resurrection of Jesus to an individualistic return to the world of living by the subject and others like him – the Jews, with a death sentence for their lineage, who for a long time lived in hiding.

Eliza Segiet, with her characteristic philosophical verve, examines people, the world and their accompanying phenomena. In "Unpaired" she attempts to define, among others, normality, decency, humanity. This is, of course, a breakneck job, but the poet is a specialist in looking at, perceiving and transforming her deductions into surprising conclusions, apt metaphors, moving comparisons.

Several times in the course of the lyrical story we have a situation in which the subject rebels, asks uncomfortable questions, accuses. However, when their daughter inquires who they are actually speaking to, they always respond: *to myself.* Which in itself is sad, the more so when they add: *because no one wants to hear / what we are experiencing.* At that time, nobody wanted to listen and today we are heading in a similar direction – we turn our heads, we deal with little, from the world's perspective, matters. Or maybe someone at the other end of the world, somewhere hidden in a *narrow hole*, is trembling for life, because *in every place / one can wake up in horror.*

The words flowing from this poetry form a clear appeal: look at what people were able to do to people and do not let it ever come back. This is a very important message, especially in the context of ongoing wars, minor or major conflicts, spreading like a plague of hatred or even progressive egoism.

Kinga Młynarska

We are born without a flaw,
it is the world that changes us.

– Let's not allow it!

Kilka słów od Autora

Spadek

Testament

Wiesz,
że ludzie nie mają wpływu
na swoje pochodzenie.
Nie da się zrobić jego korekty.

Rodzimy się jako spadkobiercy
i darczyńcy,
ale tak samo potrafimy kochać.

Nie wiem czy ktokolwiek urodzony w Polsce po 1945 roku może powiedzieć, że wojna go nie dotyczy. Oczywiście, każde pokolenie, które przyszło na świat nieco później, już w inny sposób jest dotknięte wspomnieniami. One są już przefiltrowane przez czas. Osoba, która tego doświadczyła i opowiadała o tym, co działo się w czasie tych okrutnych lat ma w sobie inne emocje niż urodzeni później jej słuchacze. Kiedy z kolei oni przekazują to następnym pokoleniom może dojść do jakiegoś przekłamania.

Kiedy słuchałam opowieści wojennych mojego dziadka to jakbym wsiąknęła w ten czas. Oczywiście to nie znaczy, że byłam zafascynowana, wręcz odwrotnie. Te kolczaste lata z ust mojego dziadka bolały, bardzo bolały. Nie opowiadał mi o

„Czerwonym kapturku", opowiadał o tych, co „zżerali" ludzi naprawdę. Wnikałam w koloryty wojny! Wszędzie było źle, smutno, to był świat w kolorze sepii. Dał mi go, przekazał w spadku swoją wojnę, swój czas. Po latach zrozumiałam, że zrobił to by nie pozwolić zapomnieć. Prawdę mówiąc, zapewne nie po to mi to opowiadał. Chciał oczyścić siebie z mrocznego czasu, ale nie ma sposobu na wykasowanie przeżyć. Pamiętał wszystko do ostatnich dni życia. Umierając powiedział: „Liza, bądź mądra". Nie rozumiałam tego wtedy, dzisiaj odczytuję Jego słowa jako nakaz właściwego życia.

A jak jest właściwie? Nikogo nie krzywdzić! Żyć tak, żeby nie trzeba było się wstydzić lub – nawiązując do czasów dzisiejszych – że gdy postawią ci pomnik, żeby nie trzeba później go rozbierać. Co jeszcze? Liczyć na siebie, bo życie należy i zależy od nas samych. Kiedy coś wyjdzie nie po naszej myśli, pretensje będziemy mieć do siebie.

Odpowiedzialność to kolejna maksyma, którą przejęłam.

Może najważniejszą rzeczą jaką mi przekazał to szacunek dla drugiego człowieka. Przecież każdy ma godność. Bez względu na wiarę, pochodzenie, miejsce urodzenia, człowiek jest i będzie człowiekiem. Pomiędzy ludźmi od zarania dziejów są jakieś konflikty, ale to nie znaczy, że trzeba żywić nienawiść do całego narodu czy do ludzi pochodzących z innego niż nasz kręgu kulturowego.

Wiele razy kiedy słyszałam „nienawidzę Żydów" zadawałam pytanie: dlaczego? Nigdy nie usłyszałam odpowiedzi, która pomogłaby to zrozumieć. Najczęstsza odpowiedź brzmi „Nie, bo nie. Oni są okropni". Nie wiem, co w nich jest okropnego. Mają ręce, nogi, głowę…, u niektórych widziałam pejsy.

Nienawiść do całego społeczeństwa niektórzy mają wpojoną w swoją tożsamość. Jednak życie czasem bywa nieprzewidywalne. Znam kobietę, której dziadek był Żydem, a ona dwadzieścia kilka lat od własnego ślubu nie powiedziała mężowi o swoim pochodzeniu. Pytałam dlaczego, w odpowiedzi usłyszałam, że on jest antysemitą! Nawet miłość nie wystarcza, żeby komuś otworzyć oczy i pokazać, że nie wszyscy są źli, dobrzy, ładni, brzydcy… We wszystkich społecznościach ludzie są różni.

Dziwne jest u nas zrozumienie nienawiści. Niektórzy deklarujący nienawiść do Żydów chodzą do kościoła i modlą się do żydowskiej Matki Boskiej i Jej żydowskiego Syna… Nie znoszą Żydów, a jednocześnie uwielbiają Leonarda Cohena, Jana Brzechwę, Juliana Tuwima…

a few words from the $\mathcal{A}$uthor

Legacy

Testament

You know
that people have no influence
on their origin.
It is impossible to make a
correction.

We are born as heirs
and donors,
but we can all love the same.

I don't know if anyone born in Poland after 1945 can say that the war is inapplicable to them. Of course, every generation that was born a little later is already affected by the recollections in a different way. They are already strained out by time. The person who experienced this and told about what happened during these cruel years has different emotions than their later-born listeners. When in turn they pass it onto the next generations, some distortion may occur.

When I listened to my grandfather's war stories, it was as if I had soaked in that time. Of course, this does not mean that I was fascinated; quite the opposite. These spiky years from my grandfather's mouth hurt, a lot. He did not tell me about the "Little Red Riding Hood", he talked about those who really "devoured" people. I was getting into the colorations of war! Everywhere was bad, sad, it was a sepia-colored world. He gave it to me, legacy of his war, his time. Years later, I realized that he did it so as to not let me forget. In fact, he probably didn't narrate to me for that reason. He wanted to clear himself of the dark time, but there is no way to erase the experiences. He remembered everything to the last days of his life. On his deathbed, he said: "Eliza, be smart". I did not understand it then; today I read His words as a call to proper life.

And how is it actually? Do not hurt anyone! Live in a way you do not have to be ashamed of, or – referring to the present times – when they erect a monument for you, it wouldn't have to be pulled down later. What else? Rely on yourself, because life belongs to and depends on ourselves. When something goes wrong, we will blame ourselves.

Responsibility is another maxim I have seized.

Perhaps the most important thing he gave me was respect for other people. After all, everyone has dignity. Regardless of faith, origin, place of birth, a human is and will be human. There have been conflicts between people since the beginning of time, but that doesn't mean that you have to hate the whole nation or people from a different cultural background than ours.

Many times, when I heard "I hate the Jews", I asked the question: why? I never heard an answer that would help me understand that. The most common answer is "No, because no. They are terrible". I don't know what is terrible about them. They have arms, legs, a head…, I have seen some with payot.

Hatred of a whole society is instilled in some people's identity. However, life is sometimes unpredictable. I know a woman whose grandfather was a Jew, and she has not told her husband about her ancestry twenty years after her wedding. I asked why; in response I heard that he was an anti-Semite! Even love is not enough to open someone's eyes and show that not everyone is bad, good, pretty, ugly… In all communities, people are different.

We have a strange understanding of hatred. Some, who declare hatred of the Jews, go to the church and pray to the Jewish Mother of God and her Jewish Son… They hate the Jews, and at the same time they adore Leonard Cohen, Jan Brzechwa, Julian Tuwim…

Eliza Segiet
Author

Wprowadzenie

Pamięć człowieka ma szerokie uwarunkowania organiczne, zarówno na poziomie ciała, jak i duszy. Jest dziedziczona genetycznie, ale i memetycznie. Tworzą się bowiem kompleksy genów oraz memów, które pierwotnie determinują wyobrażenia człowieka oraz określają w ten sposób jego miejsce w społeczeństwie. Wpływają na jego twórczy stosunek do przeszłości, partycypowanie w teraźniejszości oraz przewidywanie. Można nawet powiedzieć w języku archeologii kulturowej, że struktury dziedziczenia psychofizycznego stanowią coś na kształt „skamielin przewodnich", wyrażających podłoże ludzkich wyobraźni, emocji i rozumowań o otaczającym ich świecie i żyjących w nim ludzi. Warto wtedy mówić czy pisać nie we własnym imieniu, ale wyrażać osobiste inspiracje artystyczne w formie niezależnej, czując, iż należy się do tej wspólnoty i uczestniczy w przeżyciach jakie doświadczyły wcześniejsze pokolenia. Tak stara się czynić w wierszach zamieszczonych w tomiku „Nieparzyści" Eliza Segiet. Tu każdy utwór stanowi wartościową cegiełkę budującą architekturę aksjologiczną świata kultury, w którym egzystujemy. Jej wiersze przybierają formę monad ewokujących przeżycia i emocje organizujące się wokół wartości związanych z codziennym bytowaniem ludzi. Z czasem mogą one być transformowane, a ich zasadnicza struktura może ulegać dalszej proliferacji i uobecnia się nie tylko we wspomnieniach, ale również w percepcji i transcendencji ku aktualnej rzeczywistości.

Tomik krakowskiej poetki wydaje się mieć charakter typowo intencjonalny, skierowany na kwestie zawiązane z ludzkim egzystowaniem, konstytuujący z perspektywy przeszłości naszą możliwą teraźniejszość. Autorka nie mówi tu własnym głosem, ale wypowiada swoje przeżycia z perspektywy doświadczeń pokolenia ludzi żyjących wcześniej, odciskającego się także na wyborach egzystencjalnych następnych pokoleń. Głos poetki można potraktować również jako demaskowanie współczesnych mechanizmów psychospołecznych pojawiających się w skali globalnej, które mogą zagrażać istnieniu i funkcjonowaniu wartości budujących nasze człowieczeństwo.

Czytając kolejne utwory w tym tomiku można odnieść słuszne wrażenie, że poetce chodzi przede wszystkim o pewien egzystencjalny rachunek zbiorowego sumienia ludzi; o to, by nie zapominali na czym polega ich ludzki sposób życia i urzeczywistniania, jakich domagają się wartości.

Prof. Ignacy S. Fiut

Foreword

Human memory has broad organic conditioning, both at the level of the body and the soul. It is inherited genetically, but also memetically. Complexes of genes and memes are formed, which initially determine the human imaginations and thus their place in the society. They influence the human creative attitude towards the past, participation in the present and the anticipation. One could even say in the language of cultural archeology that the structures of psychophysical inheritance constitute something like "index fossils", expressing the basis of human imaginations, emotions and reasoning about the world around them and the people living in it. It is then worth speaking or writing not on your behalf, but expressing personal artistic inspirations in an independent form, feeling that one belongs to this community and participates in the experiences encountered by previous generations. This is what Eliza Segiet is trying to do in the poems published in "Unpaired". Here, each writing is a valuable building block of the axiological architecture of the world of culture in which we exist. Her poems take the form of monads that evoke experiences and emotions organized around values associated with the everyday existence of people. Over time, they can be transformed, and their basic structure can undergo further proliferation and is present not only in memories, but also in the perception and transcendence towards current reality.

The Cracovian poet's volume seems to have a typically intentional character, directed at issues related to human existence, constituting our possible here and now from the perspective of the past. The author does not speak here in her own voice, but articulates her encounters from the perspective of the experience of a generation of people who lived earlier, also impressing on the existential choices of the next generations. The poet's voice can also be treated as an unmasking of contemporary psychosocial mechanisms appearing on a global scale, which may threaten the existence and functioning of values that build our humanity.

Reading the next pieces in this volume, one can get the right impression that the poet is, above all, about a certain existential examination of the collective conscience of people; that they do not forget what their human way of life and realization are, and which values they demand.

Prof. Ignacy S. Fiut

Unpaired

by

Eliza Segiet

inner child press, ltd.

Eliza Segiet

The Poetry

Eliza Segiet

Przeżycia

Wszędzie, gdzie będziemy,
przeszłość zostanie z nami.
Nie możemy od niej uciec –
zawsze jest i będzie
częścią nas samych.

Nie wykasujemy wyobrażeń,
które –
w zderzeniu z rzeczywistością –
mogą wydawać się nawet dziwne.

A nasze przeżycia
będą
– czasem milczeniem,
– czasem krzykiem,
mogą być zapomnieniem,
gdy umysł powie
dość.

Experiences

Everywhere we will be
the past will be with us.
We cannot escape from it –
it has always been and will be
a part of ourselves.

We will not erase the imaginations
that –
in confrontation with reality –
may seem even strange.

And our experiences
will be
– sometimes silence,
– sometimes screaming,
they can be an oblivion
when the mind says
enough.

Znaczki

Na protokołach milczenia,
ślady były nikłe:
krzyżyk,
haczyk,
albo inny znaczek.

Niewypowiedziane słowa
odbijały się na
wycieńczonym umyśle
i wychudłej skórze.

Zastanawiam się
czy to był jeszcze człowiek,
czy już ciało?

Czy o świcie odzyska siły,
czy przyjdzie rezygnacja?

Stamps

In the protocols of silence,
the traces were faint:
a cross,
a snag,
or any other stamp.

Unspoken words
reflected on the
exhausted mind
and gaunt skin.

I wonder
if it was still a human
or a body?

Will forces come to it at dawn
or resignation?

Mury

Widzieliśmy
jak mury płakały krwią,
a oni
z uśmiechem strzelali.

Widzieliśmy ludzi,
– bezradny tłum,
który tylko mógł patrzeć.

Widzieliśmy katów.

Nie zapomnimy
jak deszcz obmywał ślady…

Nie zapomnimy
jak wszyscy się baliśmy
i nic nie mogliśmy zrobić.

Wokół widzieliśmy dramat

– w nas nie zabili
przeszłości i marzeń.

Walls

We saw
how the walls cried with blood
and they
shot with a smile.

We saw people
– a helpless crowd
who could only look at it.

We saw executioners.

We will not forget
how the rain washed away the traces…

We will not forget
how we were all afraid
and could not do anything.

We saw drama around us

– in us they did not kill
the past and the dreams.

Bajki

Kiedyś nadszedł dzień,
w którym,
w prawdziwej
– choć wydawać się może –
nierzeczywistej rzeczywistości,
pławili się ludzie.

Sycili się nadzieją,
że normalność wróci,
a ona –
odchodziła coraz dalej.
Była bolesna i niezrozumiała.

W głodzie normalności
pławili się ludzie.

Delektowali się każdym
przeżytym dniem.

Nocą
planowali przyszłość.

Wtedy
nawet dorośli
wierzyli w bajki.

Fairy Tales

Once, a day has come
when
in a real
– though it may seem –
unreal reality
people have basked.

They sated with the hope
that normality would come back
but it -
would go away further.
It was painful and incomprehensible.

In the hunger of normality
people have basked.

They relished each
and every day.

At night
they planned the future.

Then
even adults
believed in fairy tales.

Do syta

Głodny do syta
czekam nawet na ogryzek jabłka.
Może skuszę kogoś
i w końcu
wyrzucą mnie z tego raju śmierci?

Nie mam ochoty na stratę czasu,
nie chcę być w miejscu,
o którym
nie można powiedzieć nic dobrego.

Głodny do syta
czekam na uświadomienie światu,
że ludzie
tak po prostu
chcą żyć.

Copiously

Copiously hungry
I await even for an apple core.
Maybe I will tempt someone
and eventually
they will throw me out of this paradise
of death?

I do not want to waste time,
I do not want to be in a place
about which
nothing good can be said.

Copiously hungry
I wait to make the world aware
that people
simply want
to live.

Wolna wola

Pozwalasz na cierpienie,
bo trzeba być silnym?

Nie wszyscy wytrzymają ten ból.

Nikt nie dodaje siły.

Dałeś oczy, które widzą ten świat.
Dałeś słuch,
który powoli
przestaje reagować na wystrzały.

Dałeś nogi,
nie wszyscy już je mają.

Stworzyłeś człowieka,
który ma wolną wolę.

Czy wszystkim ją dałeś?

Możliwe jest to,
że niektórzy mają w sobie samo zło?

Co ludziom wolno?

Jeść?

Problem tkwi w tym,
że nie umrzemy z przejedzenia.

Głód jest codziennością
większości ludzi,
którzy tkwią
pośród stworzycieli śmierci.

Free Will

You allow suffering
because one has to be strong?

Not everyone can withstand this pain.

Nobody adds strength.

You gave eyes that see this world.
You gave hearing
that slowly
stops responding to shots.

You gave legs,
not everyone has them anymore.

You created a man
who has free will.

Did you give it to everyone?

Is it possible
that some have only evil in themselves?

What are people allowed to do?

Eat?

The problem is that
we will not die from overeating.

Hunger is the everyday reality
of most people
who are stuck
among the creators of death.

Głód

Nie wiem
czy żyję poza światem,
czy poza czasem.
Może już mnie nie ma.

Muzyka? Brak!

Chyba, że krzyk gestapowca
jest śpiewem niepewności?

W przekonaniu,
że obok dzieje się życie,
utwierdza mnie
jedno

– wciąż czuję głód
i powoli umiera nadzieja.

Hunger

I do not know
if I live outside the world
or outside of time.
Maybe I am gone.

Music? None!

Unless the Gestapo's cry
is a song of uncertainty?

In the belief
that life is going on next door
one thing
reassures me

– I still feel hunger
and hope slowly dies.

Zgliszcza

To dzieje się naprawdę?
A jeżeli
mam tylko takie grzeszne sny?

Ludzie zabijają zwierzęta żeby żyć,
innych, żeby…

Właśnie!
Dlaczego?

Wiem,
wykonują rozkazy,
łamiąc prawa natury.

Uszczypnięty czuję, że nie śnię.

Wokół są zgliszcza.
Skutek zawsze ma przyczynę.
Pierwsze widzę,
drugiego nie zrozumiem.

Ashes

Is this really happening?
What if
I only have such sinful dreams?

People kill animals to live,
others to…

Exactly!
Why?

I know,
they carry out orders,
breaking the laws of nature.

Nipped, I feel I am not dreaming.

There are ashes around.
An effect always has a cause.
I see the first,
I will not understand the other.

Zgiełk

Nie pytaj mnie, co słychać.
Dotykamy chwiejnych chwil,
Stabilizacja już nie istnieje.
Wokół zgiełk
i rozżaleni ludzie.

Naznaczeni
– wbrew naszej woli,
staliśmy się
Gwiezdną częścią ludzkości.

Tumult

Do not ask me what's up.
We touch rickety moments,
Stabilization no longer exists.
Around, a tumult
and resentful people.

Marked
– against our will,
we became
the Stellar part of humanity.

Godność

Naznaczeni na ramieniu
bywają królami życia i śmierci.

Wbrew woli,
wbrew sobie,

w drodze do przetrwania
godzą się na ciernie
zostawiające ślady.

Na pokaz
– nawet nie wiedzą
czym jest godność,

w sobie mają całe pokłady.

Dignity

Those who are marked on the arm
tend to be the kings of life and death.

Against their will,
against themselves,

on their way to survival
they agree to the thorns
that leave marks.

For a show
– they don't even know
what dignity is,

in themselves they have plenty.

Glina

Powinniśmy dążyć do tworzenia.

Pojedyncze,
nawleczone na nić koraliki
mogą być ozdobą.
W glinie
można odnaleźć pozorne życie
– kształt uformowanego człowieka.

Teraz
żyjemy w odwróconej rzeczywistości.
Niektórzy zamiast tworzyć
– niszczą,
zamiast chronić
– zabijają.

Clay

We should strive to create.

Single,
strung on a thread beads
can be a decoration.
In clay
one can find an apparent life
– the shape of a formed human.

Now
we live in an upturned reality.
Some, instead of creating
– destroy,
instead of protecting
– they kill.

Zakleszczeni

Zapach *wroga* swojego pana
nie jest obcy psom.
Wytresowane
polują na Innych.
A oni,
zakleszczeni w szczękach,
bezbronni,
świadomi końca,
nawet nie krzyczą.

Może lepiej,
że to nie człowiek,
a zwierzę jest mordercą?

Może lepiej,
że wojna
zmienia ogląd świata?

Eliza Sęgiet

Jammed

The smell of their master's *enemy*
is no stranger to dogs.
Trained
they hunt the Others.
And they,
jammed in the jaws,
helpless,
aware of the end,
do not even shout.

Maybe it's better
that it's not the human being,
but the animal that is the murderer?

Maybe it's better
that war
changes the world view?

Gniew

Puści ludzie,
pozbawieni współodczuwania,
decydują o tym, jak pomóc naturze.
Zabijają,
bo trzeba oczyścić świat ze zła.

Puści, bezmyślni ludzie,
wydawać się może
– pozbawieni rozumu,
a jednak rozumnie,
z premedytacją, wykonują rozkazy.

Osierocają,
wydrążają z rodzin
stabilizację,

budują gniew i rozpacz.

Puści ludzie,
będą uczyć się żyć –
z wyrzutami sumienia?

Eliza Segiet

Anger

Empty people,
deprived of compassion,
decide how to help nature.
They kill
because the world
needs to be cleansed
of evil.

Empty, mindless people,
who may seem
– deprived of reason,
yet deliberately,
with premeditation, they
carry out orders.

They bereave,
carving out of families
stabilization,

they build anger and despair.

Empty people,
will learn to live –
with remorse?

Szyderstwo

Szydzą sobie ze śmierci
nieokreślone przypadki:

omijając serce
kula utopiła się w starej piersiówce,

omijając człowieka
poszybowała w przydrożny płot.

Szydzą sobie z życia
niektórzy ludzie

niosą śmierć.

Mockery

Death is mocked
by obscure circumstances:

avoiding the heart,
the bullet drowned in the old flask,

avoiding a human
it winged into a roadside fence.

Life is mocked by
some people

they bring death.

Kosa

Czy teraz kosa
nie jest już symbolem śmierci?

Jak bardzo to się zmieniło.

Zaplanowane unicestwienie
przychodzi znienacka,
przybrało
ludzko – nieludzką twarz
z wycelowanym karabinem.

Scythe

Is the scythe now
no longer a symbol of death?

How much it has changed.

Planned annihilation
comes unawares,
it took on a
human – inhuman face
with an aimed rifle.

Śmiercionośni

Kiedy czas
zabierze barwę zielonolistnej naturze
- ona powróci.

Kiedy czas
tak mocno dotknie człowieka
- zostanie po nim pamięć.

Lecz kiedy
śmiercionośni ludzie
odbierają oddech,
oprócz wspomnień,
pozostają pytania

- Dlaczego?
- Po co?

- W imię jakiej wiary

Człowiek zabija Człowieka?

Eliza Segiet

Death-Dealers

When time
takes away the color from the green-leafed nature
- it will return.

When time
touches the human so heavily
- a memory will remain.

But when
the death-dealing people
take the breath away,
besides memories,
remain questions,

- Why?
- What for?

- In the name of what faith

does a Human kill a Human?

Wiara

Widziałam śmierć.
Nie umierał człowiek,
lecz wiara w niego.

Widziałam upadek.
Wczoraj człowieka
- dzisiaj ludzi.

Żywioły
nie są naszym dziełem.

Tworzymy nienawiść,
- która zabija.

Faith

I saw death.
A man did not die,
but the faith in him.

I saw a fall.
Yesterday of a man
- today of the people.

Elements
are not our work.

We create hatred,
- which kills.

Droga spokoju

Te czasy
nie honorują mądrości starców.
Nie ma już światłych,
którzy potrafią zaradzić
błędnym decyzjom.

W mroku
ciężko odnaleźć
drogę spokoju.

Wciąż jesteśmy w miejscu,
gdzie nie powinniśmy być.

Czy można karać ludzi za niewinność?

Nikt już nie odpowie.
Nawet cisza
jest złym doradcą.

Way of Peace

These times
do not honor the wisdom of the elderly.
There are no longer the sapient ones
who can remedy
the wrong decisions.

In the dark
it is hard to find
a way of peace.

We're still in a place
where we should not be.

Can people be punished for innocence?

Nobody will answer anymore.
Even silence
is a bad adviser.

Pauza

Zapytana o pięciolinię życia,
nie potrafiła wyjaśnić.

To proste:
narodziny,
dzieciństwo,
młodość,
starość
i nieunikniona śmierć.

Bywa też inaczej,
nie można doliczyć do pięciu.

Okrutny czas
postawił pauzę przyszłości.

Pause

When asked about the staff of life,
she could not explain.

It's simple:
birth,
childhood,
youth,
old age
and inevitable death.

It also happens otherwise,
one cannot add up to five.

Cruel time
has set a pause on the future.

Bezsens

Nie mogę obezwładnić czasu,
teraz trwa wyjątkowo długo,
nie będę miał dobrych wspomnień.

Przed nim i po nim
były,
będą,
pozostaną.

Z nieustającego bezsensu,
który niszczy wiarę w człowieka
– wydostaniemy się.

Wiem,
w niektórych
pozostała

odrobina człowieczeństwa.

Nonsense

I cannot overpower time,
now lasts extremely long,
I will not have good memories.

Before and after it
there were,
there are,
there will be.

From the continuous nonsense
that destroys faith in the human
– we will get out.

I know,
in some
remained

a bit of humanity.

Obrona

Przestała być bezbolesna.
Nowe czasy nauczyły ją słów, które ranią,
czynów,
które nie pozwalają
na bezkarne wykorzystywanie człowieka.

Broni nie tylko siebie.
Nie pozwala na szkalowanie,
radzi sobie z rzeczywistością
jak inni.

Nie jest bezgłośna.

Czasem coś krzyknie,
zapłacze.

Nie jest bezbarwna
nawet kiedy milczy
– oczyma potrafi powiedzieć

nie.

Defense

She stopped being painless.
New times have taught her words that hurt,
acts
that do not allow
for unpunished human exploitation.

She does not only defend herself.
She does not allow for defamation,
she copes with reality
like others.

She is not soundless.

Sometimes she will shout something,
cry.

She is not colorless
even when she is silent
– with her eyes she can say

no.

Razem

Ich czas
przeciął się tylko na chwilę
kiedy byli razem.

Później każdy miał swój
– on beznadziejny,
– ona beznamiętny.

Czekając na nieokreślony dzień

byli pozornie szczęśliwi.

Together

Their time
cut only for a moment
when they were together.

Later, each one had theirs
– hopeless for him,
– dispassionate for her.

Waiting for an indefinite day

they were seemingly happy.

Wdowa

Żeby od niej przegonić zło,
musiał zniknąć. Już go nie ma.
Nie istnieje.
Targają nim złorzeczące słowa,
które muszą być ciszą.

Owdowiała,
kiedy wybuchła wojna,
a on –
chciał przeżyć.

On to ja,
a ja to on.
Żywy – martwy
mąż.

Widow

To banish evil away from her,
he had to disappear. He is gone.
He does not exist.
He is gnawed at by execrative words
that must be the silence.

She was widowed
when the war broke out
and he –
wanted to survive.

He is me
and I am him.
The alive – and dead
husband.

Przenikanie

Pomiędzy ludźmi przenikają
nierozpoznawalne cienie,
lecz kiedyś w świetle
przestaną być tylko nimi.
Może okazać się,
że jesteśmy
częścią zmartwychwstałego świata.

Dawno temu opłakani
są pośród nas.

Piercing

Among people, pierce
unrecognizable shadows,
but sometime in the light
they will cease to be just them.
It may turn out
that we are
part of the resurrected world.

Mourned long ago
are among us.

Batalia

Nawet na peryferiach życia
przetrwanie jest niewiadomą.
Pomimo wszystko,
w bezruchu i beznadziei
– zniewoleni
mają wolę przetrwania.

Nie tak
powinna wyglądać batalia o istnienie.

Nie stworzę nic więcej.
Nie potrafię!

Ukryty mam szansę
na nową noc
i mrok za dnia.

Battle

Even on the fringe of life,
survival is an unknown.
In spite of everything,
in stillness and hopelessness
– the enslaved
have the will to survive.

This is not what the battle
for existence should look like.

I will make nothing more.
I cannot!

Hidden, I have a chance
for a new night
and darkness during the day.

Skarb

Wokół nieład.
Trudno,
można się do tego przyzwyczaić.
Nie muszę mieszkać jak król.

Zresztą nie urodziłem się nim.
Jestem
zwykłym – niezwykłym
człowiekiem.
Prawdopodobnie skarbem,
dlatego tak mnie poszukują
i ukrywają.

Myślę, że jestem brylantem,
zamkniętym w ciasnej norze na strychu.

Zastanawiam się,
ile jestem wart dla nich,
a ile dla własnej rodziny.

Co wygra?

Miłość czy nienawiść?

Treasure

Disorder around.
Too bad,
one can get used to it.
I don't have to live like a king.

Besides, I was not born one.
I am
an ordinary – extraordinary
human.
Probably a treasure,
that's why they are looking for
and hiding me.

I think I am a diamond,
enclosed in a narrow hole in the attic.

I wonder
how much I am worth to them
and how much to my own family.

What will win?

Love or hatred?

Pożeracze

Czy dzisiaj
wszystkie drogi prowadzą do kresu?

Którędy mamy pójść, żeby
przegapić śmierć?

Z każdej strony
czujni pożeracze
stoją na straży
– wypatrują.

*Tate, czemu stoisz
i mówisz do siebie?*

Głośno myślę,
którędy mamy pójść, żeby
nie przegapić życia?

Devourers

Today
are all roads leading to the end?

Which way should we go
to miss death?

On each side
watchful devourers
are on guard
– they look out.

*Dada, why are you standing
and talking to yourself?*

I am thinking loudly,
which way should we go
to not miss life?

Łoże

Niewygody nie mają znaczenia.
Nikt nie powiedział,
że w szerokim łożu
sny będą radosne.

Teraz w każdym miejscu
można obudzić się z przerażeniem.

Trudne czasy
wymagają przemyślanych decyzji,
ale nie zawsze jest na to moment.

Człowiek
nie jest jak fale,
które powracają.

Kiedy odejdzie
– to na zawsze.

Bed

Hardships have no meaning.
Nobody said
that in a wide bed
dreams would be joyful.

Now in every place
one can wake up in horror.

Hard times
require thoughtful decisions,
but there is not always a moment
for that.

Human
is not like a wave
that comes back.

When they leave
– it's forever.

Rozkaz

Ile w was miłości?
Ile nienawiści?

Po to,
abyśmy żyli w rzeczywistości
stworzonej na czyjś rozkaz,
zabraliście ludziom
wolność?

Nigdzie nie wychodzę,
bo w imię waszych planów,
nie osierocę dzieci!

Po mnie ma pozostać pustka?
Wszystko ma początek i koniec.

Nawet wojna!

– Tate, do kogo mówisz?

Do siebie,
bo nikt nie chce usłyszeć,
co przeżywamy.
Śpij córeńko.

– Nie bać się?

Nie!
W tej norze, pod ziemią
śmierć nas nie znajdzie.

Eliza Segiet

Order

How much love is there in you?
How much hatred?

In order
for us to live in a reality
created by someone else's order,
you have taken from the people
freedom?

I am not going anywhere,
because in the name of your plans,
I will not orphan children!

There will be emptiness after me?
Everything has a beginning and an end.

Even war!

– Dada, who are you talking to?

To myself,
because no one wants to hear
what we are experiencing.
Sleep, my girl.

– Should I be scared?

No!
In this burrow, underground
death will not find us.

Igraszki

Jak można spoić czas?

Ciągłość?

Ale jakbym nie mógł jej połączyć.

Bezsilny ojciec,
zbędny mąż,
próbuję rozwikłać
własne niepokorne myśli.

Jak istnieć,
kiedy od życia dzieli mnie stromy klif?

Jak powiedzieć *kocham?*
Jestem, a jakbym nie był.

To, co teraz mam
to nasza iluzja,
moje
igraszki ze śmiercią.

Dares

How to bond time?

Continuity?

But it's as if I could not connect it.

A helpless father,
unnecessary husband,
I try to unravel
my own rebellious thoughts.

How to exist
when a steep cliff separates me
from my life?

How to say *I love*?
I am, but it's as if I was not.

What I have now
is our illusion,
my
dares with death.

Skończoność

Życie kusi każdego.

Darem
– jest śmierć.
Jedyna pewność,
jaką w dniu narodzin dostaliśmy.

To właśnie ona
– nieodwołalna,
– nieodwracalna,
– pozorna sprawiedliwość.

Oswajamy się
z magnetyzmem skończoności.

Wszyscy.
Nie tylko wybrani.

Jak będzie później?

Teraz pod powierzchnią
problemem jest mrok
i strach,
okropny strach.

Żeby dotrwać,
dotrwać do jutra.

Finitude

Life tempts everyone.

One gift
– is death.
The only certainty
that we got on the day of birth.

It is it
– irrevocable,
– irreversible,
– apparent justice.

We get used to
the magnetism of finitude.

Everybody.
Not only the chosen ones.

How will it be later?

Now under the surface
the problem is the darkness
and fear,
terrible fear.

To make it,
make it to tomorrow.

Dar

Często przeczę sobie,
mówię *jestem trupem*.

W jakim celu?
Życie jest darem i dopóki trwa
trzeba czerpać
dobro,
zło
– ono też uczy.

Miłość i cierpienie,
radość i ból
to jego części.
Młodość i starość,
których warto doświadczyć.

Jeżeli trzeba
walczyć o istnienie,
nie można tego odkładać na jutro.

Ono jest nieprzewidywalne.

Eliza Segiet

Gift

I often contradict myself,
I say *I am dead.*

For what purpose?
Life is a gift and as long
as it lasts
one must derive
good,
evil
– it also teaches.

Love and suffering,
joy and pain
are its parts.
Youth and old age,
which are worth experiencing.

If one has to
fight for existence,
it cannot be postponed for tomorrow.

It is unpredictable.

Widok

Jakie obrazy później zobaczę?

Życie czy śmierć?
Domy,
w których nie ma kto mieszkać?
Czy ruiny?

Co pozostanie?
Wspomnienia?

A może sam będę wspomnieniem?

Jaki widok na przyszłość
może mieć ktoś,
kto żyje poza czasem?

A może
obok jest tylko on?

Z innej
rzeczywistości oglądam
niekończącą się batalię,
o mgnienie normalności.

View

What images will I see later?

Life or death?
Houses
in which there is no one to live?
Or ruins?

What will remain?
Memories?

Or maybe I will be a memory?

What view of the future
can someone have
who lives outside of time?

Or maybe
only it is nearby?

From another
reality, I watch
an endless battle,
for a moment of normality.

Słowo

Lgnę do rzeczywistości
cichej, spokojnej,
bez nienawiści.

Nie interesuje mnie
język, pochodzenie, wygląd.

Lgnę do rzeczywistości,
w której słowo wolność
jest tym samym,
co jego znaczenie.

Word

I cling to a reality
a quiet, peaceful
one, without hatred.

I am not interested in
language, origin, appearance.

I cling to a reality
in which the word freedom
is the same
as its meaning.

Modlitwa

Niewymodlony czas
zawładnął życiem
milionów ludzi.

Niewymodlone zło
pogrąża świat w chaosie.

Niewymodlony dramat
stał się częścią rzeczywistości.

Ale czy o takie szaleństwo
można się modlić?

Pacierzem może być tylko
modlitwa
o przebudzenie dobra w człowieku.

Oby
– Człowiekiem stał się Człowiek.

Prayer

Time not prayed for
has taken over the lives
of millions of people.

Evil not prayed for
plunges the world into chaos.

Drama not prayed for
has become part of reality.

But is it possible to pray
for such madness?

An orison can only be
a prayer
for the awakening of good
in the human being.

May
– a Human become the Human.

Korowód

W przegniłej piwnicy
niemilknąca cisza
pozwala
na rozpamiętywanie
czasu,
który zadrwił z ludzi.

Nikt
nie był przygotowany
do totalnego zła.

Nikt nie spodziewał się,
że
może nie mieć dokąd uciec.

Nikt nie wiedział,
że korowód życia
zakończy się wbrew naszej woli
– korowodem śmierci
w zbiorowych mogiłach.

Procession

In the rotten basement,
the never-ending silence
allows
to reflect
on the time
that has mocked people.

No one
was prepared
for total evil.

Nobody expected
that
it could have nowhere
to escape to.

No one knew
that the procession of life
would end against our will
– the procession of death
in mass graves.

Nieznaleziony

Co mam opłakiwać?

Stracony dom?
Nie jest tego wart.

Mam przecież miejsce
do trwania.

Czy do przetrwania?
Nie wiem.

Dopóki ktoś nie doniesie,
że pod ziemią, ze szczurami
żyje
poszukiwany jeszcze nieznaleziony,
potrzebny dzieciom,
zwyczajny człowiek.

Co mam opłakiwać?
Wojnę?

Nie mam w sobie
aż tylu łez.

Not Found

What should I mourn?

A lost house?
It is not worth it.

I have yet a place
to last.

To last for life?
I do not know.

Until someone reports
that underground, with the rats
lives
a wanted not yet found,
needed by children,
ordinary human.

What should I mourn?
War?

I do not have in me
so many tears.

Barak

Już nie płaczę,
szkoda łez.
Mogą
być jeszcze potrzebne,

inaczej
ludzie pomyślą,
że skamieniałem.

W tym miejscu,
musiałem stać się głazem.

Zza ściany baraku
usłyszałem silny wiatr

– nie ruszał cieni!

Barrack

I do not cry anymore,
a waste of tears.
They
may still be needed,

otherwise
people will think
that I fossilized.

In this place,
I had to become a boulder.

From behind the barrack wall
I heard a strong wind,

− it did not disturb the shadows!

Ukryci

Na początku nie wiedzieli,
że przyciągają jak magnes.

Kiedy zrozumieli,
że część ludzi
postanowiła ich unicestwić,
kryli się jak potrafili.

Przecież
magnesy mają dwa bieguny
– starali się być na tym,
który odpycha.

Niektórym to się udało.
Przeżyli.

The Hidden

At first, they did not know
that they attract like a magnet.

When they understood
that some people
had decided to annihilate them,
they were hiding as best as
they could.

After all,
magnets have two poles
– they tried to be on the one
that repels.

Some did it.
They survived.

Nieparzyści

Po ruinach
– z nadzieją na znalezienie jedzenia –
krążą półżywi ludzie.
Częściej
znajdują takich samych
jak oni.

– Nieparzystych.

Ten czas
prawie nie daje szansy na miłość.
Żony, mężowie
– nie wrócą.

Nie dogoni ich głód!
W nas zostanie tęsknota
i żal.

Komu powiedzieć
kocham?

Eliza Segiet

Unpaired

Around the ruins
– with the hope of finding food –
half-alive people go.
More often
they find the same ones
as them.

– the Unpaired.

Time
almost does not give a chance for love.
Wives, husbands
– will not come back.

Hunger will not catch up!
In us will remain longing
and regret.

To whom to say
I love?

Norma

Napomknięte słowa
czasem w nich pączkują,
czasem ślepną.

W barakach też
rozkwitają marzenia
o rzeczywistości,
która powinna być normą.

Nie raz ktoś
do kogoś powiedział:

– *Zabiorę cię stąd.*

Wierzyli.
Nie przypuszczali,
że droga do wolności
będzie poprzedzona kąpielą.

Norm

Words brought up
sometimes bud in them,
sometimes go blind.

In the barracks also
flourish dreams
about a reality,
which should be the norm.

Not once someone
said to someone:

– *I will take you from here.*

They believed.
They did not suppose
that the road to freedom
would be preceded by bathing.

Bezczas

Rozprawiam się z niemocą,
próbuję działać,
ale nie mogę.

Nie mogę nic.

Wciąż,
jakby zawieszony w bezczasie,
próbuję odzyskać ten stracony.

Nigdy jednak
wędrówka w przeszłość
nie wypełni
oszpeconego życia.

Eliza Segiet

No Time

I am dealing with malaise,
I am trying to act,
but I can't.

I can't do anything.

Still,
as if suspended in notime,
I try to regain the one lost.

Never, however
will a journey into the past
fill
a disfigured life.

Wyzwania

Lęki
to nie jest moja specjalność.

Lubię wyzwania,
nie boję się ich.

Jeżeli
przed czymś czuję strach,
to tylko troska o rodzinę.
Czy podołam?

– Dziadku,
ty zawsze dajesz radę.

Dawno temu nie dałem…
Wiesz jak czuje się ktoś niekompletny?

– O czym mówisz?

Kiedy straciłem rodziców,
stałem się niepełny.

Bez nich jestem pusty,
jakby bez przyszłości.

Eliza Segiet

Challenges

Anxieties
are not my specialty.

I like challenges,
I am not afraid of them.

If
I fear something,
it is only concern for my family.
Will I manage?

– Grandpa,
you always make it.

Long ago I did not…
Do you know how someone incomplete
feels?

– What are you talking about?

When I lost my parents,
I became incomplete.

I am empty without them,
as if without a future.

Skraj

Okazało się, że na skraju życia
zostałem sam.
Na bezludziu nie znajdę pomocy,
nie mogę już dalej iść.

Umrę.
A może nie?

Kamienne twarze pomników
– milczą,
nie szukają ratunku.
Ich martwy wzrok
ożywił moje siły.

To nie miejsce do umierania
i nie czas na nie.

Edge

It turned out that on the edge of life
I was alone.
In the wilderness I will not find help,
I cannot go any further.

I will die.
Maybe not?

Stone faces of monuments
– are silent,
they are not looking for help.
Their dead sight
brisked my strength.

This is not a place to die
nor a time for it.

Kasztany

Wiesz,
każdego roku
z dziewczynkami zbieraliśmy kasztany,
później robiliśmy ludziki.

Dziadku, a wtedy też?

Wtedy?
Nawet nie wiem czy one były,
normalny świat przestał istnieć.
Nie miałem szans na zabawę.
Walczyłem o życie…

Później
już nic nie miało znaczenia.
Zabawy też były inne.

Chestnuts

You know,
every year
we picked chestnuts with the girls,
then we made stick figures.

Grandpa, then as well?

Then?
I don't even know if they were then,
the normal world has ceased to exist.
I did not have a chance to play.
I was fighting for my life…

Later
nothing mattered anymore.
Playing was different too.

Rozmowa

Usiądź,
porozmawiajmy.

Dziadku,
czym jest ten,
który przestał być człowiekiem?

– Ciałem.

A ten,
który zatracił w sobie dobro?

– Złem w ludzkiej skórze.

Pamiętaj,
warto być takim,
by można powiedzieć –
to był Ktoś.

Nie zapominaj,
zabójczy ludzie
nie są
       piękni,
       dobrzy,
       prawdziwi.

Rodzimy się bez skazy,
to świat nas zmienia.

– Nie pozwólmy na to!

Talk

Sit down,
let's talk.

Grandpa,
what is the one
who ceases to be human?

– A body.

And the one
who lost good in themselves?

– Evil in human form.

Remember,
it's worth being someone
such that one could say –
they were Someone.

Do not forget,
deadly people
are not
      beautiful,
      good,
      genuine.

We are born without a flaw,
it is the world that changes us.

– Let's not allow it!

Wnuki

To było straszne.
Kolczaste lata.
Wiele razy
ze strachu wstrzymywałem oddech.

Bałem się bólu
– nie tylko mojego.
Bałem się o życie
– nie tylko swoje.
W mojej samotności
zawsze były marzenia.

Jakie, dziadku?

Że, że
– przecież wiesz.

Wtedy nie myślałem,
że opowiem wnukom,
co przeżyły ich mamy.

Wtedy,
każdego dnia,
byłem szczęśliwy,
– że wciąż żyją.

Grandchildren

It was scary.
Thorny years.
Many times
I held my breath out of fear.

I was afraid of pain
– not just mine.
I was afraid for life
– not just my own.
In my loneliness
there have always been dreams.

What ones, grandpa?

That, that
– you know.

At the time, I did not think
that I would tell the grandchildren
what their mothers had experienced.

Then,
every day,
I was happy
– that they were still alive.

Zero

Długość cienia
nie świadczy o wielkości człowieka.
To tylko kształt
– bezgłośny ślad istnienia.

Eliza Segiet

Zero

The length of the shadow
does not indicate the size of the person.
It's just a shape
– a soundless trace of existence.

Moc

Jesteśmy jak pionki,
które mogą się przewrócić.
Czasem samemu uda się wstać,
innym razem
z pomocą.

Wytrzymałości człowieka
nie da się określić
żadną miarą.

Wiedząc, że wróg
nie lubi bezsilnych,
odnajdujemy w sobie moc.

Strength

We are like pawns
that can fall over.
Sometimes one can get up
by themselves,
other time
with help.

Human endurance
cannot be determined
by any means.

Knowing that the enemy
does not like the powerless,
we find strength in ourselves.

Cisza serca

Omdlała miłość
może tylko czekać na swój czas.
Tyle lat ciszy serca
nie daje nadziei na powroty.

A jednak niewiara
w to, co
wydawało się niemożliwe,
była błędem.

Przecież kiedyś warto znowu
pokochać ludzi.

Nie we wszystkich jest zło,
wciąż ludzie się go uczą.

Trzeba im tylko
to przerwać
– pokazać piękno Człowieka.

Heart's Silence

Swooned love
can only wait for its time.
So many years of heart's silence
does not give hope for returns.

Yet unbelief
in what seemed
impossible
was a mistake.

After all, it is worth
loving people again.

Evil is not in everyone,
people still learn it.

One just has
to stop them
– show them the Human beauty.

Skaza

Opowiadać świat,
w którym ludzie,
ważniejsi od rzeczy,
mogą cieszyć się sobą.

Przestrzeń
wzajemnej tolerancji -
różnych kultur,
miłości bez podziałów
na kolor, wiarę.

Dziwne przesłanie!

Często
człowiek nie rozumie człowieka,
oprócz jednego
- siebie ze swoimi potrzebami.

Ma skazę
rozróżniania wartości.

Flaw

To talk about a world
where people,
more important than things,
can enjoy themselves.

A space
of mutual tolerance –
different cultures,
love without division
of color, faith.

A strange message!

Often
a human does not understand a human,
except for one
– themselves with their needs.

It has a flaw
in distinguishing values.

Drogowskaz

Gdyby we wszechświecie
rządziła tolerancja,
na nic potrzebny
byłby krzyk rozpaczy po stratach.

Rodzimy się w różnych przestrzeniach,
na jednym akwedukcie życia.
Czy niektórych musi łączyć nienawiść?

Warto zrozumieć,
że śmiercią
nie powinni władać ludzie
lecz czas,
który niepostrzeżenie
przeprowadza nas przez pięciolinię życia.

Przecież dany nam oddech
Jest początkiem i końcem
– wszystkiego.

Wystarczy
– tak zwyczajnie –
by Człowiek
zrozumiał Człowieka.

Gdyby we wszechświecie
tolerancja była drogowskazem…

Guidance

If in the universe
governed tolerance,
there would be no need
for the cry of despair after loss.

We are born in different spaces,
on one aqueduct of life.
Do some have to be connected by hate?

It is worth understanding
that death
should not be ruled by humans,
but rather by time
that imperceptibly
leads us through the staff of life.

After all, breath given to us
is the beginning and the end
– of everything.

It's enough
– just simply –
for a human
to understand a Human.

If in the universe
tolerance was the guidance…

Epilogue

about the Author

Eliza Segiet – absolwentka studiów magisterskich Wydziału Filozofii, studiów podyplomowych – Wiedza o Kulturze i Filozofia, Prawo Karne Skarbowe i Gospodarcze, Studiów Literacko Artystycznych Uniwersytetu Jagiellońskiego oraz Studium Realizacji i Eksploatacji Telewizyjno-Filmowej w Łodzi.

Rozdarta pomiędzy poezją a dramatem. Lubiąca spoglądać w chmury, ale twardo stąpająca po ziemi. Jej sercu bliska jest myśl Schopenhauera: *Zwyczajni ludzie myślą tylko o tym, jak czas spędzić, kto ma jakiś talent – jak czas wykorzystać.*

Eliza Segiet – Masters Degree graduate in Philosophy. Completed postgraduate studies in Cultural Knowledge, Philosophy, Penal Revenue and Economic Criminal Law, Arts and Literature at Jagiellonian University, as well as Penal Revenue Law, Film and Television Production in Lodz.

Torn between poetry and drama. Likes to look into the clouds, but keeps both feet on the ground. Her heart is close to the thought of Schopenhauer: *Ordinary people merely think how they shall 'spend' their time; a man of talent tries to 'use' it.*

Eliza Segiet's

Artistic Achievements

&

Publications

tomy wierszy:
Romans z sobą (Sowello 2013 r.),
Myślne miraże (Miniatura 2014 r., II wyd. Sowello 2017 r.),
Chmurność (Signo 2016 r.),
Magnetyczni (Sowello 2018 r.),
Magnetic People (Inner Child Press, USA, 2018 r.),
Nieparzyści (Psychoskok 2019 r.);

monodram:
Prześwity (Signo 2015 r.);

farsa:
Tandem (Signo 2017 r.).

proza:
Bezgłośni (Psychoskok 2019 r.)

Nagrody i wyróżnienia

Zauważona na Międzynarodowym Festiwalu Literackim
Pero Živodraga Živkovića (Bośnia i Hercegowina, 2016 r.)
za wiersze:
– *Przydarzyło się życie*
– *Inny*

Zauważona na Międzynarodowym Festiwalu Literackim
Pero Živodraga Živkovića (Bośnia i Hercegowina, 2017 r.)
za wiersze:
– *Kamuflaż*
– *Klatka*

Autor Miesiąca w *The Year of the Poet 14* (USA, czerwiec
2017 r.) za wiersze:
– *Przydarzyło się życie*
– *Pytania*
– *Żelazko*

Publikacja Miesiąca (za wiersz *Pytania*) w Spillwords Press (USA, sierpień 2017 r.).

Tytuł Międzynarodowej Publikacji 2017 roku (za wiersz *Pytania*) w Spillwords Press (USA, styczeń 2018 r.)

Laureatka Międzynarodowej Nagrody Specjalnej *Frang Bardhi* (Albania, 2017 r.) za wiersz *Morze mgieł.*

Nominacja do tytułu Publikacja Miesiąca (za wiersz *Apple*) w Spillwords Press (USA, styczeń/luty 2018 r.).

Drugie miejsce w Międzynarodowym Konkursie *Nature 2017-2018* (Portugalia) za wiersz *Kiście owoców.*

Autor Miesiąca w Spillwords Press (USA, styczeń/luty 2018 r.).

Autor Miesiąca w indyjskim Our Poetry Archive (Indie, maj 2018 r.).

Nominacja do tytułu Publikacji Miesiąca (za wiersz *Mój świat*) w Spillwords Press (USA, maj 2018 r.).

Nominacja do tytułu Autor Miesiąca w Spillwords Press (USA, maj 2018 r.).

Nominacja do tytułu Publikacja Miesiąca (za wiersz *Źli*) w Spillwords Press (USA, czerwiec 2018 r.).

Nominacja do tytułu Autor Miesiąca w Spillwords Press (USA, lipiec 2018 r.).

Nominacja do tytułu Publikacja Miesiąca (za wiersz *Słoneczniki*) w Spillwords Press (USA, lipiec 2018 r.).

Autor Miesiąca w *The Year of Poet* (USA, lipiec 2018 r.)
za wiersze:

– *Akwedukt*
– *Było tak samo*
– *Mchy*

Nominacja do tytułu Publikacja Miesiąca (za wiersz
Pustka) w Spillwords Press (USA, sierpień 2018 r.).

Autor Miesiąca w *The Year of Poet* (USA, wrzesień 2018
r.) za wiersze:
– *Derka*
– *Gonitwa*
– *Strona życia i śmierci*

Nominacja do tytułu Publikacja Miesiąca (za wiersz
Zrozumienie) w Spillwords Press (USA, wrzesień 2018 r.).

Laureatka konkursu *Tra le parole e l'infinito – Między
słowami i nieskończonością* (Włochy, wrzesień 2018 r.) za
tekst *Oficerki.*

Laureatka Konkursu Città del Galateo' *Award VI* (Włochy,
listopad 2018 r.) za wiersz *Bez gazu.*

Od listopada 2018 r.– Ambassador De Literature
(Ambasador Literatury) – tytuł nadany przez Motivational
Strips.

Nominacja do tytułu Publikacja Miesiąca (za wiersz *Strona
życia i śmierci*) w Spillwords Press (USA, listopad 2018 r.).

Nominacja do tytułu Publikacja Miesiąca (za wiersz *Ciężar
tajemnic*) w Spillwords Press (USA, grudzień 2018 r.).

Otrzymała *Global Literature Guardian Award* – nagroda
przyznana przez Motivational Strips, World Nations
Writers Union i Union Hispanomundial De Escritores
(UHE) (grudzień 2018 r.).
Nominowana przez *World Institute For Peace (WIP)* na
Ambasadora promującego poprzez swoją twórczość: pokój,
humanitaryzm i przestrzeganie praw człowieka (styczeń
2019 r.).

Od stycznia 2019 członek WNWU - World Nations
Writars' Union in Kazakhstan on Contemporary World
Literature (członek Światowego Związku Pisarzy).

Członek Union Hispanomundial De Escritores (UHE).

Wiersz *Morze mgieł* został wybrany jako jeden ze 100
najlepszych wierszy 2018 roku w International Poetry Press
Publications (Kanada, 2018 r.).

Tomik *Magnetyczni* znalazł się w top 10 najlepszych
książek poetyckich roku (2018) w rankingu autorki bloga
Przeczytane Napisane (Polska, 2018 r.).

Nominacja do tytułu Autor Roku 2018 w Spillwords Press
(USA, styczeń 2019 r.).

Tytuł Międzynarodowej Publikacji Roku 2018 (za wiersz
Morze mgieł) w Spillwords Press (USA, styczeń 2019 r.).

Laureatka nagrody specjalnej *I Poeti Fioriscono Al Buio* za
wiersz *Rozmowa* (Włochy, luty 2019 r.) .

Wyróżnienie w *Konkursie Nature 2018-2019* za wiersz
Totem (Portugalia, luty 2019 r.).
Autor Miesiąca w *The Year of the Poet* (USA, luty 2019 r.)
za wiersze:
– *Przygoda*
– *Krople*

– *Inkluzja*

Laureatka nagrody Specjalnej *Campionatul European de Poezie 2019* za wiersz *Wiara* (Rumunia, luty 2019 r.).

Nominacja do tytułu Publikacja Miesiąca (za tekst *Totalne zło*) w Spillwords Press (USA, maj 2019 r.).

Wyróżnienie w konkursie *I Poeti Navigano Sulle Viole* (Włochy, czerwiec 2019 r.) za wiersz *Drogowskaz*.

Laureatka Nagrody Literackiej im. Jarosława Zielińskiego *Złota Róża* 2018 za tom
Magnetyczni (Polska 2019 r.)

Certyfikat Doskonałości w uznaniu zasług w dziedzinie humanitaryzmu i kultury przyznane przez Międzynarodowe Forum Twórczości i Humanitaryzmu (czerwiec 2019 r.).

Laureatka I miejsca w konkursie *Golden Contest Award* – (Albania, czerwiec 2019 r.) za wiersz *Blejtram (Stretcher)*.

Nominacja do tytułu Autor Miesiąca w Spillwords Press (USA, czerwiec 2019 r.).

W kanadyjskim The 2019 Poet's Yearbook jako autorka *Morza mgieł* została nagrodzona prestiżową nagrodą Elite Writer's Status Award jako jeden z najlepszych poetów 2019 r.(lipiec 2019 r.).

W kanadyjskim The 2019 Poet's Yearbook jako autorka *Zakleszczonych* została nagrodzona prestiżową nagrodą Elite Writer's Status Award jako jeden z najlepszych poetów 2019 r.(lipiec 2019 r.).

Nominacja do tytułu Publikacja Miesiąca w Spillwords Press za wiersz *Być sobą* (USA, lipiec 2019 r.).

Laureatka Nagrody *Premii de Excelenta* (Rumunia,
sierpień 2019 r.) za wiersze
– *Skarb*
– *Tolerancja*

Nagroda *World Poetic Star Award* otrzymana od World
Nations Writers Union - największego na świecie Związku
Pisarzy z Kazachstanu (sierpień 2019 r.).

Laureatka I miejsca (kategoria - poezja zagraniczna)- w
konkursie *Quando È la Vita ad Invitare* za wiersz *Być sobą*
(Włochy, wrzesień 2019 r.).

Nominacja do tytułu Publikacja Miesiąca w Spillwords
Press za wiersz *Cisza dialogu* (USA, wrzesień 2019 r.).

Wiersz *Rozkaz* z tomu *Nieparzyści* został wybrany jako
jeden ze 100 najlepszych wierszy 2019 roku w
International Poetry Press Publications (Kanada).

Nominacja do tytułu Publikacja Miesiąca w Spillwords
Press za wiersz *Wdowa* (USA, październik 2019 r.).

Nominacja do Pushcart Prize Nominees 2019 (USA,
listopad 2019 r.)

Nominacja do Naji Naaman Literary Laureate Prize 2020
(listopad 2019).

Nominacja do tytułu Publikacja Miesiąca w Spillwords
Press za wiersz *Przenikanie* (USA, listopad 2019 r.).

Jest jednym ze zwycięzców Nagrody Poetyckiej Pangolin
Poetry Prize (grudzień 2019)

Uczestnictwo w Międzynarodowej Antologii: *Tysiąc
wierszy o pokoju i szczęściu ludzkości* [Wydawca: Alfred
Asis (Chile)].

Jej twórczość można znaleźć w antologiach i czasopismach literackich w kraju i poza granicami (m.in. Albania, Australia, Bośnia i Hercegowina, Chile, Filipiny, Hiszpania, Indie, Kanada, Kenia, Kosowo, Macedonia, Mauritius, Nepal, Nigeria, Portugalia, Rumunia, Singapur, Szkocja, Szwecja, Tajwan, USA, Wielka Brytania, Wenezuela, Zambia).

Publications:

Poetry Collections:

Romance with Oneself [pol. *Romans z sobą*] (Sowello 2013),
Mental Mirages [pol. *Myślne miraże*] (Miniatura 2014, 2nd
Edition: Sowello 2017),
Cloudiness [pol. *Chmurność*] (Signo 2016),
Magnetyczni (Sowello 2018),
Magnetic People (Inner Child Press, USA, 2018),
Unpaired [pol. *Nieparzyści*] (Psychoskok 2019);

Monodrama:
Clearances [pol. *Prześwity*] (Signo 2015 r.);

Farce:
Tandem (Signo 2017 r.).

Prose:
Voiceless [pol. *Bezgłośni*] (Psychoskok 2019 r.).

Acknowledged at the International Literary Festival *Pero
Živodraga Živkovića* (Bosnia and Herzegovina, 2016) for
poems:
– *Life Occurred*
– *Other*

Acknowledged at the International Literary Festival *Pero
Živodraga Živkovića* (Bosnia and Herzegovina, 2017) for
poems:
– *Camouflage*
– *Cage*

Author of the Month in *The Year of the Poet 14* (USA, June
2017) for poems:
– *Life Occurred*
– *Questions*

– Iron
Publication of the Month (for poem *Questions*) in
Spillwords Press (USA, August 2017).

International Publication of the Year (for poem *Questions*)
in Spillwords Press (USA, January 2018)

Laureate of the International Special Prize *Frang Bardhi*
(Albania, 2017) for poem
Sea of Mists.

Nominated for the Publication of the Month (for poem
Apple) in Spillwords Press (USA, January/February 2018).

Second place in the International Contest *Nature 2017-
2018* (Portugal) for poem *Bunches of Fruit.*

Author of the Month in Spillwords Press (USA,
January/February 2018).

Author of the Month in Our Poetry Archive (India, May
2018).

Nominated for the Publication of the Month (for poem *My
World*) in Spillwords Press (USA, May 2018).

Nominated for the Author of the Month in Spillwords Press
(USA, May 2018).

Nominated for the Publication of the Month (for poem *Evil
Ones*) in Spillwords Press (USA, June 2018).

Nominated for the Author of the Month in Spillwords Press
(USA, July 2018).

Nominated for the Publication of the Month (for poem
Sunflowers) in Spillwords Press (USA, July 2018).

Author of the Month in *The Year of Poet* (USA, July 2018) for poems:
– *Aqueduct*
– *It Was the Same*
– *Moss*

Nominated for the Publication of the Month (for poem *Emptiness*) in Spillwords Press (USA, August 2018).

Author of the Month in *The Year of Poet* (USA, September 2018) for poems:
– *Saddle-Cloth*
– *Chase*
– *Side of Life and Death*

Nominated for the Publication of the Month (for poem *Understanding*) in Spillwords Press (USA, September 2018).

Laureate of *Tra le parole e l'infinito* Contest – *Between Words and Infinity* (Italy, September 2018) for text *Jackboots*.

Laureate of Città del Galateo' *Award VI* Contest (Italy, November 2018) for poem *Without Gas*.

From November 2018 – Ambassador De Literature (Ambassador of Literature) – title given by Motivational Strips.

Nominated for the Publication of the Month (for poem *Side of Life and Death*) in Spillwords Press (USA, November 2018).

Nominated for the Publication of the Month (for poem *Weight of Secrets*) in Spillwords Press (USA, December 2018).

Received *Global Literature Guardian Award* – award from Motivational Strips, World Nations Writers Union and Union Hispanomundial De Escritores (UHE) (December 2018).

Nominated by the *World Institute For Peace (WIP)* as an Ambassador promoting peace, humanitarianism, and respecting human rights through the works (January 2019).

From January 2019, member of WNWU - World Nations Writers' Union in Kazakhstan on Contemporary World Literature.

Member of Union Hispanomundial De Escritores (UHE).

Poem *Sea of Mists* was selected as one of the top 100 poems of 2018 in International Poetry Press Publications (Canada, 2018).

Volume *Magnetic People* was in the top 10 of best poetry books of the year (2018) in the ranking of "Przeczytane Napisane" blog (Poland, 2018).

Nominated for the Author of the Year 2018 in Spillwords Press (USA, January 2019).

International Publication of the Year 2018 (for poem *Sea of Mists*) in Spillwords Press (USA, January 2019).

Laureate of the Special Prize *I Poeti Fioriscono Al Buio* for poem *Talk* (Italy, February 2019).

Distinction in the *Nature 2018-2019* Contest for poem *Totem* (Portugal, February 2019).

Author of the Month in *The Year of the Poet* (USA, February 2019) for poems:
– *Adventure*

– Drops
– Inclusion

Laureate of the Special Award *Campionatul European de Poezie 2019* for poem *Faith* (Romania, February 2019).

Nominated for the Publication of the Month (for text *Total Evil*) in Spillwords Press (USA, May 2019).

Distinction in the Contest *I Poeti Navigano Sulle Viole* (Italy, June 2019) for poem *Guidance.*

Laureate of the Jarosław Zieliński Literary Award *Golden Rose* 2018 for poetry volume
Magnetic People (Poland 2019)

Certificate of Excellence in recognition of merits in the field of humanitarianism and culture, awarded by the International Forum for Creativity and Humanitarianism (June 2019).

1st Place in the *Golden Contest Award* Contest – (Albania, June 2019) for poem *Stretcher.*

Nominated for the Author of the Month in Spillwords Press (USA, June 2019).

In The 2019 Poet's Yearbook, as the author of *Sea of Mists*, awarded with the prestigious Elite Writer's Status Award as one of the best poets of 2019 (July 2019).

In The 2019 Poet's Yearbook, as the author of *Jammed*, awarded with the prestigious Elite Writer's Status Award as one of the best poets of 2019 (July 2019).

Nominated for the Publication of the Month in Spillwords Press for poem *Be Yourself* (USA, July 2019).

Laureate of the Award *Premii de Excelenta* (Romania, August 2019) for poems
– *Treasure*
– *Tolerance*
World Poetic Star Award received from World Nations Writers Union – the world's largest Writers' Union from Kazakhstan (August 2019).

1ˢᵗ Place Laureate (Foreign Poetry category) – in Contest *Quando È la Vita ad Invitare* for poem *Be Yourself* (Italy, September 2019).

Nominated for the Publication of the Month in Spillwords Press for poem *Silence of Dialogue* (USA, September 2019).

Poem *Order* from volume *Unpaired* was selected as one of the 100 best poems of 2019 in International Poetry Press Publications (Canada).

Nominated for the Publication of the Month in Spillwords Press for poem *Widow* (USA, October 2019).

Nominated for the Pushcart Prize 2019 (USA, November 2019)

Nominated for Naji Naaman Literary Laureate Prize 2020 November 2019).

Nominated for the Publication of the Month in Spillwords Press for poem *Piercing* (USA, November 2019).

Is one of the winners of the Pangolin Poetry Prize (December 2019).

Participation in the International Anthology: *A Thousand Poems About Peace and Happiness of Humanity* [Publisher: Alfred Asis (Chile)].

The author's works can be found in anthologies and literary magazines in Poland and abroad (Albania, Australia, Bosnia and Herzegovina, Canada, Chile, India, Kenya, Kosovo, Mauritius, Nepal, Nigeria, North Macedonia, Philippines, Portugal, Romania, Scotland, Singapore, Spain, Sweden, Taiwan, USA, United Kingdom, Venezuela, Zambia).

Inner Child Press

Inner Child Press is a publishing company founded and operated by writers. Our personal publishing experiences provide us an intimate understanding of the sometimes-daunting challenges writers, new and seasoned may face in the business of publishing and marketing their creative "Written Work".

For more information

Inner Child Press

www.innerchildpress.com

intouch@innerchildpress.com

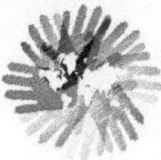

Inner Child Press International

'building bridges of cultural understanding'

202 Wiltree Court, State College, Pennsylvania 16801

www.innerchildpress.com

www.ingramcontent.com/pod-product-compliance
Lightning Source LLC
Chambersburg PA
CBHW021110090426
42738CB00006B/582